BEI GRIN MACHT SICH IHR WISSEN BEZAHLT

- Wir veröffentlichen Ihre Hausarbeit, Bachelor- und Masterarbeit

- Ihr eigenes eBook und Buch - weltweit in allen wichtigen Shops

- Verdienen Sie an jedem Verkauf

Jetzt bei www.GRIN.com hochladen und kostenlos publizieren

Bibliografische Information der Deutschen Nationalbibliothek:

Die Deutsche Bibliothek verzeichnet diese Publikation in der Deutschen Nationalbibliografie; detaillierte bibliografische Daten sind im Internet über http://dnb.d-nb.de/ abrufbar.

Dieses Werk sowie alle darin enthaltenen einzelnen Beiträge und Abbildungen sind urheberrechtlich geschützt. Jede Verwertung, die nicht ausdrücklich vom Urheberrechtsschutz zugelassen ist, bedarf der vorherigen Zustimmung des Verlages. Das gilt insbesondere für Vervielfältigungen, Bearbeitungen, Übersetzungen, Mikroverfilmungen, Auswertungen durch Datenbanken und für die Einspeicherung und Verarbeitung in elektronische Systeme. Alle Rechte, auch die des auszugsweisen Nachdrucks, der fotomechanischen Wiedergabe (einschließlich Mikrokopie) sowie der Auswertung durch Datenbanken oder ähnliche Einrichtungen, vorbehalten.

Impressum:

Copyright © 2016 GRIN Verlag, Open Publishing GmbH
Druck und Bindung: Books on Demand GmbH, Norderstedt Germany
ISBN: 9783668225008

Dieses Buch bei GRIN:

http://www.grin.com/de/e-book/323754/umbrueche-und-stagnationen-in-gerhart-hauptmanns-vor-sonnenaufgang-1889

Luna Schubert

Umbrüche und Stagnationen in Gerhart Hauptmanns "Vor Sonnenaufgang" (1889)

GRIN Verlag

GRIN - Your knowledge has value

Der GRIN Verlag publiziert seit 1998 wissenschaftliche Arbeiten von Studenten, Hochschullehrern und anderen Akademikern als eBook und gedrucktes Buch. Die Verlagswebsite www.grin.com ist die ideale Plattform zur Veröffentlichung von Hausarbeiten, Abschlussarbeiten, wissenschaftlichen Aufsätzen, Dissertationen und Fachbüchern.

Besuchen Sie uns im Internet:

http://www.grin.com/

http://www.facebook.com/grincom

http://www.twitter.com/grin_com

Inhalt

1) Einleitung 2

2) Rohstoffe und Reichtum – Die Vorgeschichte zum Drama 2

3) Stagnationen innerhalb des Dramas 3

    3.1) ‚Vor Sonnenaufgang' – Was der Titel offenbart 3

    3.2) Die zwei Seiten der Beziehung von Helene und Loth 4

        3.2.1) Die Charakteranalyse der weiblichen Hauptfigur 4

        3.2.2.) Die Charakteranalyse der männlichen Hauptfigur 5

        3.2.3.) Der Fremde als Verräter? 6

4) Das Werk als Umbruch 8

    4.1) Arbeiter in Zeiten der Industrialisierung 8

    4.2) Naturalistische Strömungen in ‚Vor Sonnenaufgang' 9

    4.3) Der Vergleich zum klassischen Drama 10

5) Ein Fazit 11

Literaturverzeichnis 12

1) Einleitung

Gerhart Hauptmann betitelt ‚Vor Sonnenaufgang' als ‚Soziales Drama' und prägt so die Gesellschaft seiner Zeit. Der Autor zeichnet ein präzises, der Wirklichkeit entsprechendes Bild im naturalistischen Sinne, welches auf zahlreiche Leben projiziert werden kann. Ausgewählte Themen wie Alkoholismus, Inzest und Industrialisierung spiegeln zeitgenössische Problematiken wider. Im Folgenden wird erst das Drama an sich analysiert, um dann das Werk als Ganzes zu betrachten – Warum gilt dieses literarische Meisterwerk als naturalistischer Durchbruch in Deutschland? Zeigen nicht allein der Titel und die Figuren einen inhaltlichen Stillstand auf, wodurch Hauptmann als bloßer Wiedergeber fungiert? Schließlich zerstört Loths Weggang am Ende jegliche Hoffnungsschimmer auf Besserung für die Familie Krause, allen voran für Helene. Ist es demnach das Werk an sich, das besonders anhand der Regieanweisungen Hauptmanns neue Türen in der Literatur, im allgemeinen Denken und für künftige Epochen öffnet? Im Zentrum steht also die Frage, ob es der Bruch mit dem Alten und eben dieses Aufzeigen von Stagnationen ist, was letztlich den Erfolg von ‚Vor Sonnenaufgang' ausmacht.

2) Rohstoffe und Reichtum – Die Vorgeschichte zum Drama

Im Folgenden werden speziell ausgewählte, epochentypische Merkmale kurz erläutert und in einen Zusammenhang mit Hauptmanns Figuren gebracht, um grundsätzliche Gegebenheiten des Naturalismus für diese Arbeit zu klären.

Der erste Akt beginnt sogleich mit dem unmittelbaren Eintreffen Alfred Loths[1] [2]. Diese Figur markiert mit ihrem Erscheinen und dem plötzlichen Verschwinden den Rahmen des Werkes. Zudem enthüllt Loth – im Sinne eines analytischen Dramas[3] - in seinem ersten Gespräch mit dem Ingenieur Hoffmann, wie die schlesische Bauernfamilie, besonders durch Hoffmanns krumme Machenschaften, an den Reichtum gelangte (vgl. 18). Dadurch wird die Vorgeschichte um den Kohlefund auf dem Grundstück der Krauses bekannt. Dieser unvorhergesehene Reichtum trägt

---
[1] Vgl. Hauptmann (2015), 7. Hier und im fortlaufenden Text zitiere ich aus dieser Primärquelle.
[2] Alfred Loth wird in Punkt 3.2.2 noch genauer analysiert.
[3] Vgl. Heinz (2007), 23.

deutlich zum Verfall der Figuren bei: Bauer Krause versinkt im Alkohol, genau wie Martha, die aufgrund dessen ihre beiden Kinder verliert; die zweite Frau des Bauern spart ebenfalls nicht am Alkohol, liebt teure Essensspezialitäten und pflegt eine Art Beziehung zu ihrem Neffen, den sie eigentlich für Helene vorgesehen hat[4] [5]. Zur Zeit der Industrialisierung[6] zog es die meisten Menschen vom Land in die Städte. Hier versprachen sie sich sichere, gut bezahlte Arbeitsplätze. Aus dem Landgut konnte immer weniger Profit erzielt werden, „[. . .] soweit [eben] nicht unter der Ackerkrume Bodenschätze entdeckt wurden."[7].

Umso seltsamer ist es, dass diese Bauernfamilie das ‚Glück' hat, auf so einen Rohstofffund zu stoßen, wodurch sie ihr bisheriges Landleben nicht aufgeben müssen. Sicherlich muss diese Lebensart ebenfalls mit harter Arbeit in Verbindung gebracht werden, genauso jedoch mit Begriffen wie Ruhe, Idylle und innerem Frieden. Die Landluft, die ja nicht durch den Qualm aus den Fabrikschornsteinen der Städte verpestet wird, steht paradoxerweise für Gesundheit und Reinheit. Dieses eigentliche ‚Glück' vernichtet die Familie Krause und stürzt sie ins Unglück, indem sie sich vom, in der Vorgeschichte gewonnenen, Reichtum kontrollieren lassen und somit fremdbestimmt werden/sind. Luxus und Bauernleben stehen einander gegenüber und symbolisieren „die sozialen Umbrüche der Moderne"[8].

3) Stagnationen innerhalb des Dramas

Nun liegt der Fokus auf dem Werkinneren. Es wird überprüft, inwieweit hier von einem Stillstand gesprochen werden kann und woran dies festgemacht wird.

3.1) ‚Vor Sonnenaufgang' – Was der Titel offenbart

Der Sonnenaufgang bringt immer und immer wieder einen neuen Tag mit sich. Es ist ein Kreislauf, der wichtigste der Natur. Jeder Tag birgt die Chance auf einen Neuanfang und das Abschließen eines Kapitels. Somit kann der zum Nebentext

---

[4] Vgl. Rinsum/Rinsum (1994), 324.
[5] Helene wird in Punkt 3.2.1 noch genauer analysiert.
[6] Anstatt der eigenen Hände wurden Maschinen für die Herstellung verschiedenster Güter benutzt (zweite Hälfte des 19. Jahrhunderts).
[7] Rinsum/Rinsum (1994), 23.
[8] Scherer/Bogdal (2012), 125.

gehörende Titel generell als Umbruch angesehen werden. Auf der anderen Seite verweist der Titel aber auf die Zeit zwischen Altem und Neuem, repräsentiert demnach die aufbauende Phase, die normalerweise von der Energie des Schlafs profitiert. Um vier Uhr morgens, bevor die Sonne aufgeht, verfällt der Bauer Krause jedoch regelmäßig zurück in die Dunkelheit, in welcher er auch jeden Abend zum Wirtshaus geht. Auftreten tut er nur bei der jeweiligen Rückkehr am Morgen, wenn die Hoffnung für ihn längst wieder erloschen ist. Somit steht der Titel für „den Wiederholungszwang in einem dumpfen, von Alkohol zerrütteten Leben"[9]. Auch die Bezeichnung ‚Soziales Drama' gibt an, dass die Familie von dem sozialen Milieu determiniert ist.

Die Verbindung von Helene und dem Werktitel ist eine etwas andere – Die jüngere Bauerstochter trägt noch Funken der Hoffnung in sich, wenn die Sonne erwacht und sehnt sich nach dem Entfachen dieser: „[N]ur ist es so öde hier. So . . . gar nichts für den Geist gibt es. Zum Sterben langweilig ist es." (23). Loth vermag es, ihr Kraft und Mut, aber ebenso etwas für den ‚Geist' zu geben, sodass Helene in ihm ihre Rettung, ihre Sonne erblickt (vgl. 96). Doch noch bevor diese erneut aufgeht, ist Loth als Sonne schon verglüht, Helenes Hoffnungen verwehen in der späten Nacht. Als ihr Vater am zweiten Morgen vor dem Sonnenaufgang betrunken nach Hause kehrt, nimmt Helene die in ihren Augen einzige verbleibende Möglichkeit in Anspruch, sich selbst zu befreien[10] (vgl. 123). Nur auf diese Weise kann sie jetzt noch der Sonne entgegen kommen, sich also von ihrem Umfeld lösen. Gleichzeitig bestimmt ihr momentaner Schmerz ihre Handlung und nimmt ihr das Leben.

3.2) Die zwei Seiten der Beziehung von Helene und Loth

Wie bereits angedeutet, bietet dieses besondere, das Drama tragende Verhältnis facettenreiche Möglichkeiten der Beobachtung und Interpretation hinsichtlich der zentralen Frage dieser Hausarbeit.

3.2.1) Die Charakteranalyse der weiblichen Hauptfigur

---

[9] Scherer/Bogdal (2012), 123.
[10] Meines Erachtens nach nahm sie sich selbst das Leben, weil Loth sie ohne persönliche Erklärung verlassen hat und somit all seine Versprechen zunichte sind. Helene verliert ihren Vertrauten (vgl. 83) und ist in dem Wissen, dass sie eine reale Chance auf ein anderes Leben verpasst hat.

Helene Krause ist „körperlich und moralisch gesund geblieben, denn auf Wunsch ihrer verstorbenen Mutter wurde sie bei den Herrnhutern erzogen, einer frommen evangelischen Erziehungsgemeinschaft"[11]. Die Tochter des Bauern, die „[i]m August einundzwanzig gewesen" (76), kehrte vor vier Jahren zurück auf den Hof. Sie findet zu niemandem aus ihrer Familie Anschluss (vgl. 96). Helene spricht sich mehrmals gegen die Trinkerei aus und bevorzugt eher „Strick, Messer, Revolver! [. . .] [als] auch zum Branntwein [zu] greifen" (63). Ihre Freizeit widmet Helene der Literatur, was für sie Ruhe und die geistige Förderung bedeutet (vgl. 90). Somit setzt sie sich von ihrer Familie ab, die sich nur mit Alkohol, Inzest und Rauchen die Zeit vertreibt. Ihr Sprachgebrauch spiegelt ihre Bildung und menschliche Reife wider (vgl. 59):

> HELENE. Gut! dann will ich dem Vater erzählen, daß du mit Kahl Wilhelm die Nächte ebenso verbringst. FRAU KRAUSE *schlägt ihr eine Maulschelle.* Do hust an Denkzettel!
> HELENE, *todbleich, aber noch fester.* Die Magd bleibt aber doch, [. . .] sonst bring' ich's herum! Mit Kahl Wilhelm, du! [. . .] mein Bräutjam[12] [. . .].

Sie beherrscht die hochdeutsche Sprache und kann sich gewählt ausdrücken. Nachdem Frau Krause sie schlägt, bleibt sie bestimmt und gerecht. Helene steht somit für einen Umbruch innerhalb ihrer Familie und wird dementsprechend ohne Nachname aufgeführt, um die Abgrenzung zu verdeutlichen.

Andererseits fehlt ihr der Mut, von selbst etwas zu ändern, obwohl sie die finanziellen Mittel hat (vgl. 93). Sie hält weiterhin zu ihrem Vater und sagt, er „[sei] noch gesund" (98), obwohl er sich sogar an ihr vergriffen hat (vgl. 43).

Ihr Leben steht also in gewisser Weise still, denn *„ihre ganze Erscheinung überhaupt verleugne[t] das Bauernmädchen nicht ganz"* (9).

3.2.2.) Die Charakteranalyse der männlichen Hauptfigur

Alfred Loth kann als gewollter Umbruch verstanden werden. „Mit der von außen eintretenden Figur des sozialistischen Reformers"[13] nimmt das Drama seinen Lauf. Loth ist ebenfalls kein Trinker und gibt vortragsartig die Dimensionen der schlimmen Folgen des Alkoholkonsums wieder (vgl. 35). Als „Akademiker"[14] ist er sehr gebildet und spricht Hochdeutsch. Selbst das Gespräch mit Beibst, dem eigensinnigen und

---

[11] Rinsum/Rinsum (1994), 325.
[12] Hier spricht sie kurz mit Dialekt, weil sie im Inneren aufgebracht ist. Zudem wird das Wort dadurch abgewertet, da Helene den Kahl Wilhelm nicht als Bräutgame will.
[13] Scherer/Bogdal (2012), 124.
[14] Rinsum/Rinsum (1994), 333.

ungebildeten Arbeiter, bringt Loth nicht davon ab, sein Wissen zu teilen (vgl. 45). Gleichzeitig verwendet er Fremdwörter und Fachtermini, womit er seinen höheren Grad an Bildung und sozialer Stellung ausdrückt: „Ich weiß, bei den Ikariern hatte man auch solche Exstirpatoren, um das urbar gemachte Land vollends zu reinigen." (45). Loth ahnt von vornherein, dass Beibst ihn nicht verstehen kann und hat die Erklärung schon parat. Er berichtet ihm fast euphorisch, was es mit den Ikariern auf sich hat (vgl. 45-46). Zugegebenermaßen erinnert das stark an seine Vorstellungen vom Anfang des Dramas, einen Idealstaat oder „Musterstaat [zu] gründen" (12). Vielleicht ist er gewillt, Beibst aufzumuntern, wenn er sagt, „[k]einer ist arm, es gibt keine Armen unter ihnen" (46), doch es klingt vielmehr wie ein Versuch, ihn für seine utopischen Pläne zu begeistern.

Loth möchte die Zukunft verbessern, weshalb er überhaupt erst ins schlesische Dorf kommt. Er bittet Hoffmann nicht nur um Geld (vgl. 17), sondern auch um „die Erlaubnis zur Besichtigung der [Kohleg]ruben" (71), damit er dort für seine Studie arbeiten und Informationen sammeln kann. Loth wahrt ein großes Interesse für den Alltag der Bergleute, deren Verhaltensweisen er auf „deskriptive" (71) Weise aufzeigen will. Ganz im naturalistischen Sinn ist er objektiv auf der Suche nach den Faktoren, die die Bergarbeiter zu dem machen, was sie sind (vgl. 71). Seine Studie soll den Wert der Arbeiterleben steigern, da sein „Kampf [. . .] ein Kampf um das Glück aller" (52-53) ist und „im Interesse des Fortschritts" (53) steht. Er schafft es zumindest bei Helene, Zuspruch für sein Vorhaben zu bekommen (vgl. 53). Alles was er von sich gibt, vermag Hand und Fuß zu haben. Jedoch verlässt er den Ort am Ende überstürzt und ohne Aufzeichnungen für die Studie, was wiederum als Stagnation im Drama selbst betrachtet werden kann. Es hapert an der Umsetzung. Gleich zu Beginn heißt es schon, er sei „in seinen Bewegungen bestimmt, doch ein wenig ungelenk" (7).

3.2.3.) Der Fremde als Verräter?

Loth scheint das Bild eines „Theoretikers"[15] innezuhaben und ist kein Mann für die Praxis. Zwar gibt er vor, dass ihn die Bergleute „mehr als alles andere" (24) interessieren, aber sein Verschwinden zeigt, dass er nicht die Studie bevorzugt, sondern sein eigenes Wohlergehen. Bezogen auf Helene ist es ähnlich.

---

[15] Rinsum/Rinsum (1994), 333.

Er bezeichnet ihren ‚Werther' als „ein dummes Buch" (51). Wenn Loth sich in einer Thematik sicher fühlt, drückt er dies mit belehrender Dominanz und Bestimmtheit aus und hält an seinen Meinungen fest, welche durchaus überzeugend klingen. Allerdings fehlt ihm diese Sicherheit, „wenn er seine Gefühle für Helene auszudrücken versucht"[16]: „Alles in allem bist du mir. Mehr weiß ich nicht." (98). Erneut hört sich die Antwort theoretisch gut an, sagt jedoch praktisch wenig aus und wird auch nicht weiter von ihm erörtert. Für solche Emotionen fehlen ihm die Worte. Helenes Leben hingegen erfährt durch Loth einen deutlichen Umbruch, einen Aufschwung. Sie vertraut sich ihm an, kann sich ihm schlicht offenbaren (vgl. 98), ändert ihr Denkverhalten bezüglich ihres Vaters (vgl. 96) und mit ihm blüht die Hoffnung auf ein Entkommen auf.

Gegenüber dem Dr. Schimmelpfennig gelingt es Loth schließlich, seine Liebe zu Helene in einem chemischen Kontext zu umschreiben, denn hier weiß er, wovon er redet (vgl. 115). Helenes Liebe lässt ihn nun realisieren, dass er vor ihr in seinem „Streben etwas entsetzlich Ödes, gleichsam Maschinenmäßiges angenommen hatte" (115). Als er dann jedoch erfährt, dass Martha[17] schwere Alkoholikerin ist und ihre beiden Kinder deswegen gestorben sind, trifft er eine Entscheidung. Loth vertritt nämlich die Ansicht, dass „[d]ie Wirkung des Alkohols [. . .] bis ins dritte und vierte Glied" (35) der nachfolgenden Generationen vererbt werden kann. Die Möglichkeit Helene zu heiraten, ist für ihn nun vollkommen ausgeschlossen. Selbst der ärztliche Rat, „daß Fälle bekannt sind, wo solche vererbte Übel unterdrückt worden sind" (119), bringt ihn nicht davon ab, Helene zurückzulassen. Obgleich er zuvor noch meint, „[m]an müsste sie fortbringen aus dieser Sumpfluft" (118). Es wird der Konjunktiv II verwendet, was auf eine derzeit nicht machbare Angelegenheit hindeutet. Mithilfe des Pronomen ‚man' weist Loth diese Aufgabe außerdem augenblicklich von sich.

Genauso äußert er sich auch schon in Bezug auf die Bergarbeiter: „[M]an könnte sie vielleicht glücklicher machen." (25). In der Überzeugung seine Nachfahren zu retten, lässt er das ‚zukünftige Glück' der Bergleute und Helene zurück. Zudem ist er sich bewusst, dass Helene in ihrem jetzigen Milieu untergehen wird. Er verrät sie, verrät

---

[16] Rinsum/Rinsum (1994), 333.
[17] Martha verkörpert als Personifikation (vgl. Herter (2013), 130.) einen kompletten Stillstand und steht sinnbildlich für den unaufhaltsamen Verfall durch Alkohol.

seine eigenen Prinzipien, indem er sie wissentlich von dem „Kampf um das Glück aller" (53) ausschließt.

Diese Katastrophe formt die vielleicht größte und verheerendste Stagnation des gesamten Dramas, da Helene daraufhin ihr Leben beendet und so der endgültige Zerfall vom Rest der Familie zweifelsohne bevorsteht.

4) Das Werk als Umbruch

Schon seinerzeit wird ‚Vor Sonnenaufgang' als ein bedeutendes Werk der naturalistischen Bewegung anerkannt[18]. Hauptmann analysiert in seiner „Milieustudie [. . .] soziales und psychisches Elend"[19] und schafft mit seinem ersten Drama einen Bruch im gesellschaftlichen Denken, zumindest eine Auseinandersetzung mit bis dato nicht aufgegriffenen Themen.

4.1) Arbeiter in Zeiten der Industrialisierung

Das Werk verdeutlicht und ergründet „die Situation der Landbevölkerung Schlesiens zum Ende des neunzehnten Jahrhunderts"[20]. Im Drama selbst wird das Thema der Arbeiterschaft nicht unbedingt ins Zentrum des Geschehens gerückt, vielmehr nebenbei erwähnt. So erzählt Loth der Helene, während er für die Wichtigkeit seiner Studie plädiert, von einem „Arbeiter, der fünf Jahre lang in [einer] Fabrik gearbeitet hatte" (55). Die Fabrik hat ihn, der das Leid vieler symbolisiert, krank gemacht. Dieser „Mann hatte acht Kinder, [. . .] konnte [. . .] nirgends mehr Arbeit finden [und] [. . .] mußte also in der Seifenfabrik bleiben" (55). Das hervorgehobene Verb unterstreicht seine Determiniertheit, die Abhängigkeit von seinem Umfeld. Letztendlich bestimmt die städtische Fabrik neben seinem Tod auch den seiner Frau und Kinder (vgl. 56). Doch nicht nur die Arbeit in der Stadt mindert die Lebensqualität während der Industrialisierung. Gleich darauf berichtet Helene Loth von den Kohlegruben, deren reicher Fund nicht bloß die Familie Krause nach und nach weiter unter die Erde befördert. Zwei Bergleute, Söhne von Beibst, kamen in den Tiefen ums Leben (vgl. 56). Sie erlagen keiner Krankheit, sondern starben einerseits aufgrund menschlichen Versagens („[e]inmal riß etwas an der Fahrkunst", 56) und

---

[18] Vgl. Scherer/Bogdal (2012), 123.
[19] Ebd.
[20] Rinsum/Rinsum (1994), 332.

andererseits aufgrund unkontrollierbarer Naturgewalten („schlagende Wetter", 56). Dennoch verschreibt sich auch der dritte Sohn der gleichen Arbeit, um auf dem Land sein Geld zu verdienen (vgl. 56).

Der Untergang des Fabrikarbeiters kann als Auslöser für Loths Vorgehen für das ‚Wohl aller' gesehen werden (vgl. 56). Die schlesischen Bergarbeiter sollen demnach zu „Studienobjekte[n] des Sozialreformers"[21] werden. Diese Studie scheitert allein an ihm. Das ganze Werk Hauptmanns aber „versteht sich [. . .] selbst als ein Beitrag zu diese[m]"[22] eingangs bemerkten Elend und kann als wissenschaftliche Arbeit hierzu empfunden werden. Der Autor vergegenwärtigt nahezu beiläufig und doch aufsehenerregend die unwürdigen Verhältnisse der Arbeiter, welche von Hoffmann (repräsentiert die gehobene Klasse) ausgebeutet werden (vgl. 18) und deswegen dem Alkohol verfallen (vgl. 35).

4.2) Naturalistische Strömungen in ‚Vor Sonnenaufgang'

Die in Punkt 4.1 aufgeführten, unterschiedlichen Todesursachen beweisen, dass es nach naturalistischer Auffassung keinen Gott gibt[23].

„Loth wendet sich [dementsprechend] gegen die Empfindsamkeit in Goethes *Werther*"[24], da die Dichter des Sturm und Drang von übernatürlichen Kräften inspiriert und geleitet werden.

Damit in Verbindung steht auch die Evolutionslehre, die besonders von Charles Darwin bereichert wurde. Sie „räumt auf mit der Vorstellung von einer Sonderrolle des Menschen in der Schöpfung"[25]. Hauptmann verdeutlicht dieses Denken, indem er Loth ganz objektiv den ihm bis dahin unbekannten Bauern beschreiben lässt: „Das reine Tier ist er natürlich." (38). Als der Bauer nach Hause kommt, beschimpft Helene ihn ebenfalls als „Tier, Schwein!" (43), da Alkohol und Lusttrieb den Vater eingenommen haben. Nahezu die gesamte Bauernfamilie „repräsentiert das letzte Stadium einer Degeneration, die den Menschen gewissermaßen ins Tier zurückverwandelt"[26]. Die Theorie Darwins besagt, dass der Stärkere überlebt und Nachfahren produziert. Die Vererbung der Trinksucht spiegelt sich für Loth in

---

[21] Ebd. Hier S. 333.
[22] Scherer/Bogdal (2012), 124.
[23] Vgl. Rinsum/Rinsum (1994), 28-29.
[24] Scherer/Bogdal (2012), 129.
[25] Rinsum/Rinsum (1994), S. 29.
[26] Sprengel (1998), 122.

Marthas toten Kindern wieder. Er flieht. Hauptmann hebt so die Determiniertheit von den Genen und dem Milieu hervor.

4.3) Der Vergleich zum klassischen Drama

‚Vor Sonnenaufgang' gliedert sich in fünf Akte, wobei das Ende des dritten Akts als Höhepunkt (vgl. 83) und der fünfte als Katastrophe gesehen wird. Auch die drei Einheiten von Handlung, Zeit (etwa 1 Tag) und Ort (Hof und Zimmer, welches als Schauplatz einen Rahmen bildet) werden eingehalten. Dennoch bricht Hauptmann mit dem klassischen Drama und läutet so eine neue Ära ein.

Es fallen sofort die Regieanweisungen auf (z.B. vgl. 7), die teilweise ganze Seiten einnehmen können (vgl. 43). Der Autor wirkt so als Erzähler und kann unter anderem Gestik, Mimik, Inventar, Kleidung und Zeitangaben minutiös schildern. Die Regieanweisungen „verselbständigen sich [...]" während Helenes Selbstmord fast zu einer Art Regiebuch für eine Pantomime"[27], denn im Gegensatz zum klassischen Drama gelten Monologe hier als unnatürlich. Es wird „nur die momentane Realität photographisch genau wiedergegeben"[28]. All diese Punkte tragen zur „Episierung des Dramas"[29] bei. Zudem legt Hauptmann den Fokus auf eine Bauernfamilie und Arbeiter und auch auf Loth als Antihelden[30]. „[K]linisch genau [werden] die krankhaften Zustände [...] im Sinne des Holzschen Sekundenstils naturgetreu"[31] und möglichst objektiv abgebildet. Dazu dient die Sprache selbst, die sich in ungebundener Prosa[32] durch das Drama zieht. Zum Beispiel reden Frau Krause und Kahl mit starkem Dialekt und benutzen auch Vulgärausdrücke (vgl. 36). Wilhelm Kahl stottert zudem enorm (vgl. 30). Natürliche Unterbrechungen im Redefluss, Denkpausen und Füllwörter decken den niedrigen Bildungsstand der Familie auf und sind besonders beim Bauern zu erkennen (vgl. 42). Wie bereits festgestellt, grenzen sich Loth und Helene durch ihre Sprechweise von den anderen Figuren ab.

---

[27] Scherer/Bogdal (2012), 29.
[28] Rinsum/Rinsum (1994), 333.
[29] Scherer/Bogdal (2012), 58.
[30] Vgl. Punkt 3.2.3
[31] Rinsum/Rinsum (1994), 333.
[32] Vgl. Hertel (2013), 134.

5) Ein Fazit

‚Vor Sonnenaufgang' steht sprachlich und thematisch für den Aufbruch in eine neue Zeit in Deutschland. Gerhart Hauptmann lässt die einst hoffnungserweckenden Umbrüche im Drama selbst stagnieren und verdeutlicht so die derzeitige Wirklichkeit detailgetreu. Das Werk soll Menschen aus höheren Bildungsschichten zum Verstehen, zum Handeln bewegen und – im Sinne Loths – bessere Verhältnisse für Arbeiter schaffen. Somit bestätigt sich die zentrale These dieser Hausarbeit: Die Handlung steht schlussendlich still, sodass ‚Vor Sonnenaufgang' eine neue Phase der deutschen Literaturgeschichte einleitet.

Literaturverzeichnis

Hauptmann, Gerhart: Vor Sonnenaufgang. Soziales Drama. 50. Auflage. Berlin: Ullstein Buchverlage GmbH, 2015.

Heinz, Andrea: Analytisches Drama. In: Burdorf, Dieter/Fasbender, Christoph u.a. (Hrsg.): Metzler Lexikon Literatur. 3. Auflage. Stuttgart: J. B. Metzler, 2007. S. 23.

Hertel, Ralf: Dramentextanalyse. In: Anz, Thomas (Hrsg.): Handbuch Literaturwissenschaft. Band 2. Methoden und Theorien. Stuttgart: Metzler, 2013. S. 129-138.

Rinsum, Annemarie van/Rinsum, Wolfgang van: Deutsche Literaturgeschichte. Band 7. Realismus und Naturalismus. München: Deutscher Taschenbuch Verlag, 1994.

Scherer, Stefan/Bogdal, Klaus-Michael: Einführung in die Dramen-Analyse. Darmstadt: WGB, 2012.

Sprengel, Peter: Darwin in der Poesie. Spuren der Evolutionslehre in der deutschsprachigen Literatur des 19. und 20. Jahrhunderts. Würzburg: Königshausen und Neumann, 1998.

BEI GRIN MACHT SICH IHR WISSEN BEZAHLT

- Wir veröffentlichen Ihre Hausarbeit, Bachelor- und Masterarbeit

- Ihr eigenes eBook und Buch - weltweit in allen wichtigen Shops

- Verdienen Sie an jedem Verkauf

Jetzt bei www.GRIN.com hochladen und kostenlos publizieren